LES ARTISTES

ET

LE DROIT D'AUTEUR

PAR

FRANÇOIS LAURENTIE

EXTRAIT DU *CORRESPONDANT*

PARIS

LOUIS DE SOYE, IMPRIMEUR

18, RUE DES FOSSÉS-SAINT-JACQUES, 18

1912

LES ARTISTES

ET

LE DROIT D'AUTEUR

LES ARTISTES

ET

LE DROIT D'AUTEUR

PAR

FRANÇOIS LAURENTIE

EXTRAIT DU *CORRESPONDANT*

PARIS

LOUIS DE SOYE, IMPRIMEUR

18, RUE DES FOSSÉS-SAINT-JACQUES, 18

—

1912

LES ARTISTES

ET LE DROIT D'AUTEUR

Nous sommes de grands amis des arts! L'aphorisme nous semble indiscutable, en tant que flatteur. Comme, de plus, M. Anatole France, philosophe dogmatique, a proclamé *ex cathedra* que « l'art seul donne du prix à la vie », c'est désormais sans examen comme sans lassitude que nous vénérons cet Art déifié. Indulgents même à l'étrange abus que font de son nom l'engouement et l'intérêt, nous le voyons, nous le mettons partout. Coûte que coûte, il y en aura jusque dans le ciment armé de la rue Danton. La pornographie se baptisera « de l'art ». Et les « manifestations d'art » et les « problèmes d'esthétique » et les « créations » des *artistes*, — dramatiques ou capillaires, — prendront dans l'opinion le pas sur tout le reste. Devant le développement inouï des *magazines*, criant symptôme de notre atticisme obsédant, les Béotiens seuls hochent la tête. Sous les républiques qui n'étaient pas athéniennes, on ne volait pas les Jocondes. Nous sommes Athéniens...

Or, douloureux miracle! dans cette nation d'esthètes, on nous dit périodiquement que les artistes seraient à plaindre. On les méconnaîtrait à leur aurore, on les exploiterait toute leur vie, on leur donnerait à peine les miettes du festin.

C'est encore à l'apitoiement sur leur sort que la saison nouvelle nous convie. Aussi bien faut-il toujours parler d'eux, dussions-nous être amenés à de singuliers retours sur la sûreté de notre goût comme sur la générosité de nos Mécènes.

Donc, M. André Hesse, député, a présenté à la Chambre une proposition de loi, dont l'article premier, — à vrai dire, l'article unique, — est ainsi conçu : « Dans toutes les ventes publiques d'œuvres d'art signées, telles que peintures, sculptures, gravures ou dessins, l'acheteur paiera en sus du prix un droit de 2 pour 100 qui s'ajoutera aux droits perçus par les officiers publics chargés de ces ventes. Ce droit supplémentaire reviendra aux auteurs de l'œuvre d'art et, pendant un délai de cinquante ans après leur mort, à leurs veuves ou ayants-droit. »

Disons-le tout de suite. Le sentiment qui dicte cette proposition, après en avoir inspiré beaucoup d'autres, présente toutes les apparences de la « justice » et de l' « humanité ». Car rien n'est plus froissant à l'imagination que le spectacle de Millet « mort pauvre quand son *Angelus* atteignait le prix de 800 000 francs »... M. Hesse cite cet exemple dans l'exposé des motifs : exemple classique, en effet, couramment donné depuis huit ans[1], comme celui de Lépine « dont la veuve gagne misérablement son pain » et dont les « amateurs se disputent les peintures ». Il y a dans ces ironies amères un je ne sais quoi qui heurte avec une âpreté spéciale notre sensibilité. Nous avons de même pleuré, étant petits, quand on nous racontait l'histoire de Bernard Palissy brûlant sa dernière chaise. Oui, ces détresses sont lamentables; et si les érudits nous objectent que la misère est le lot fréquent, sinon habituel, des grands inventeurs, nous ne trouvons pas l'objection consolante.

Que l'on cherche donc à associer la fortune des artistes à celle de leurs œuvres, il n'y a dans cet effort rien que de satisfaisant pour le sentiment irréfléchi et spontané. L'imagination émue ne recule pas d'abord devant les solutions radicales. A la hâte, dans l'ardeur de sa compassion, elle bâtit comme un château espagnol une nouvelle espèce de propriété, un *droit de suite* inaliénable, imprescriptible. Et pourquoi non? Ignore-t-on le « droit d'auteur », perçu par des gens de lettres? Pourquoi le refuser aux artistes? Tous les cœurs tendres croient à un simple oubli, immédiatement réparable. Les socialistes eux-mêmes, qui sont au fond des émotifs, n'hésitent guère, tout ennemis qu'ils se disent de la propriété, à prêcher, comme une justice, l'institution légale de cette « propriété artistique », contre-partie naturelle de la « propriété littéraire ».

Mais la réflexion fait vite déchanter.

Tel qu'on le présente, en effet, le parallèle entre le « droit des artistes » et celui des écrivains est mal conduit. Le *droit de suite* qu'on songe à créer pour les uns ne saurait en aucune manière être assimilé à la *propriété littéraire* dont jouissent les autres. C'est plutôt le *droit de reproduction* qui ressemblerait à celle-ci : or la loi du 9 avril 1910 le reconnaît aux artistes.

[1] Voir l'enquête de M. Jean Ajalbert dans l'*Humanité* (1904) et la brochure du même, *Une enquête sur les droits de l'artiste* (Paris, Stock, 1905).

Qu'est-ce, en effet, que la propriété littéraire? Voici un volume, de tel format, de tels caractères, de telle reliure. C'est un meuble déterminé, pleinement aliénable comme tous les autres meubles. Mais ce volume renferme une pensée qui peut tout entière se reproduire en dehors de lui. C'est sur ce contenu seul, idéalement séparable de la forme revêtue par le volume, qu'un droit de propriété peut être réservé quand l'objet matériel est définitivement vendu. Telle est la propriété littéraire. Il n'est jamais venu à la pensée d'un esprit sensible et paradoxal de la doubler d'un droit de suite sur les exemplaires aliénés, ces exemplaires fussent-ils, dans leur exécution matérielle, des chefs-d'œuvre, même rarissimes ou uniques. Tel manuscrit, de vente en vente, peut augmenter de valeur dans les proportions qu'on voudra : nul ne songe à faire bénéficier l'auteur de la plus-value.

Lorsqu'il s'agit d'un tableau ou d'une statue, qui sont également des meubles, on voudrait, au contraire, que la loi fît participer l'artiste aux avantages de la revente[1]. Ce serait, en dépit des apparences, une institution sans analogie. Car on peut fort bien admettre que le statuaire et le peintre réservent, en vendant leur « création », un certain droit de propriété — droit d'auteur — sur la « pensée » de leur œuvre, sur leur manière à eux d'agencer les lignes et le reste, en un mot, sur leur conception artistique personnelle et immatérielle, sur leur *art*. De là, le « droit de reproduction », transposition en matière artistique du droit de propriété littéraire. Mais sur la « création » réalisée, matérielle, concrète — unique par là même et qui n'est jamais adéquatement reproductible — on ne voit pas que, sans donner une singulière entorse à toutes les notions de la propriété, l'artiste vendeur puisse, en principe et d'une façon imprescriptible, se réserver des droits. Rappelons-nous le manuscrit de tout à l'heure, dont la valeur monte toujours, et imaginons-le enluminé par l'auteur. Faut-il que, de ce fait, un droit de suite s'acquière?

Les artistes, dit-on, et surtout les jeunes artistes, sont victimes de contrats léonins. C'est possible. Mais il semblerait vraiment que les contrats de cette espèce sont épargnés aux gens de lettres débutants! A ceux-ci, la loi reconnaît cette propriété littéraire, objet de la farouche envie de l'Ecole des Beaux-Arts. Soit! Mais, pour trouver un éditeur, neuf fois sur dix ils y renoncent. Ils vendent leurs droits, et quelquefois pour rien[2], trop heureux, à ce prix, — à cette absence de prix, — de tenter la gloire! De même,

[1] Nous verrons même que la revente à perte devrait encore assurer, d'après nos Solons, un bénéfice à l'artiste.

[2] Et souvent pour peu de chose. « Murger, si je ne me trompe, a touché

un jeune *rapin*, qui, comme Chénier, « a quelque chose là », peut trouver magnifique le protecteur dont les 50 francs paient les premiers tâtonnements de son génie. Plus généreux que d'autres, — après tout, — cet acheteur si désiré « lance » l'artiste, et le lance à ses propres risques. Ne le rendez pas plus hésitant encore, ce premier banquier; ne le faites pas plus rare en grevant son achat d'une hypothèque que nul ne peut racheter ou vendre [1].

Voilà les premières réflexions qu'on se fait. Vous voulez protéger l'artiste contre lui-même, contre ses exploiteurs et contre le sort injurieux. Mais il n'est pas sûr du tout que le droit de suite soit un bouclier ou une ancre pour les innombrables Phidias et Zeuxis qui débutent sans fortune. Vous allez peut-être les tuer dans l'œuf. Pas de zèle! disait Talleyrand. Pendant la tempête, Frère Jean réclamait de Panurge collaboration, aide et assistance. « Viens, pendu au diable, icy nous aider, de par trente légions de diables... — Ne jurons point », dit Panurge, qui n'aida personne.

Mais qui est frère Jean ici? « L'artiste », qui est-ce [2]? Où commence l'art? Où finit-il? Dans les propositions diverses, dans celle de M. André Hesse en particulier, il est question de peintures, sculptures, gravures ou dessins « signés ». C'est vague. Un vase de grès signé Bigot ou Delaherche est-il une « sculpture »? Bernard Palissy serait-il protégé? Et les architectes, qu'en faisons-nous? On en étonnerait beaucoup en leur disant que leurs maisons ne sont pas des œuvres d'art. On stupéfierait de même un bon nombre d'artisans en leur refusant le titre d'artistes : il est vrai qu'une belle reliure vaut mieux qu'un mauvais bronze, et que les signatures Simier, Petit, Bauzonnet, Duru, Curmer font monter les enchères des bibliophiles. On protège les « croûtes » signées et peut-être même les « rossignols » qui traînent dans les boîtes des quais : mais assurera-t-on le droit de suite sur le fer forgé, le cuir repoussé, la corne ciselée, le mobilier d'art? Riesener, que le Louvre abrite, aurait-il de nos jours un droit imprescriptible sur la vente de ses commodes? Cette conception mènerait loin : souvenons-nous que tous les bons boutiquiers de Paris signent leurs produits. Prenez de même une vieille tasse de Sèvres : elle porte

500 francs pour le manuscrit des *Scènes de la vie de bohème*, qui ont rapporté une fortune à l'éditeur. » (Barrès.)

[1] Si le droit de suite n'est pas inaliénable, le débutant, pour écouler son œuvre, y renoncera. Les législateurs, protecteurs de l'Art, ne parlent donc que d'un droit imprescriptible. Mais ce droit risque de faire reculer les « Mécènes à la manque », comme dit M. Jean Ajalbert.

[2] Une définition juridique de l'artiste serait quelque chose de curieux et d'amusant.

non seulement la marque de la manufacture royale, mais aussi la signature de tel ouvrier mouleur ou peintre. Je ne vois pas pourquoi les ouvriers ne réclameraient pas à leur tour une part dans les plus-values, quand leur signature est recherchée. Que de voies nouvelles s'ouvrent aux syndiqués!

Les plus-values, d'ailleurs, c'est un mot vite dit. Mais elles sont rares! S'il y a des tableaux qui « montent », il y en a plus encore qui « descendent ». De même que personne n'achèterait plus l'*Angelus* un million, de même d'excellents juges estiment que la collection du mégalomane Chauchard lui a coûté beaucoup trop cher. Les journaux nous grisent en colportant les enchères des milliardaires fameux. Mais, si les morts vont vite, les plus-values n'ont pas toujours cette allure. Si Velasquez ou Raphaël atteignent des prix fabuleux, peu en chaut à leurs héritiers. D'autre part, nul n'est assuré de revendre une œuvre d'art ce qu'elle a été payée. Hausse factice, baisse subite : c'est le sort de beaucoup de tableaux, puisque, de plus en plus, le commerce des œuvres d'art est un jeu de Bourse. On lance ces « valeurs-là » comme les autres sur les ailes coûteuses de la réclame. Les renommées sont artificielles, les goûts et les modes s'imposent. Les signatures ont leur cote, on spécule sur elles, et on s'enrichit ou on se ruine. En toute équité, si les artistes doivent être à l'honneur en même temps que leurs œuvres, pourquoi ne seraient-ils pas à la peine? Or on n'a guère songé à associer le peintre, le sculpteur, le graveur et leurs héritiers à la mauvaise fortune de leurs productions.

C'est que, pour nos imaginations sensibles et un peu jalouses, le spéculateur, qu'il réussisse ou qu'il se perde, reste toujours l'ennemi. Regardez-y bien : c'est à lui, en somme, qu'en ont les artistes et leurs avocats. L'artiste étant aujourd'hui un dieu et l'art une chose sacrée, nous sommes choqués par-dessus tout de voir les « experts » bien connus tirer parti de cette sacro-sainte valeur, restée pour eux marchande. Oui, certes, dans notre pitié pour les héros de l'art, il y a de la vieille et universelle haine pour l'intermédiaire. Or il se produit ici ce phénomène que chaque acheteur nouveau peut être considéré comme un nouvel intermédiaire, puisque, d'abord, un objet d'art ne se consomme pas comme une denrée et n'est même pas toujours un objet « d'usage », puisque, de plus, toute collection ressemble chaque jour davantage à un marché ouvert. A perpétuité donc, l'acheteur d'art est l'ennemi[1]. Il l'est pour le producteur, c'est-à-dire pour le sculpteur

[1] On serait bien en peine, il est vrai, de se l'aliéner définitivement.

ou le peintre, à qui il arrache l'âme en lui « soufflant » son œuvre. Il l'est aussi pour le spectateur attendri.

Rien de plus absurde cependant que ce décret sentimental. Tout a été dit sur l'utilité possible des intermédiaires. Il n'est pas jusqu'à la spéculation sur l'œuvre d'un artiste qui ne serve sa renommée et ne fasse écouler les « morceaux » dont il reste détenteur, lui ou ses hoirs. Un « droit de suite », institué comme un impôt sur la spéculation, nuirait donc à la première mise en circulation, ralentirait ou supprimerait cette circulation dans la période avoisinant le cinquantenaire de la mort, inviterait à la fraude et par suite aux mesures vexatoires et inquisitoriales. Bref, le lancement définitif, « américain », d'un grand nom artistique ne s'opérerait qu'au bout d'un demi-siècle. Et personne, ni l'artiste, ni l'Etat, ni l'art, ni les marchands, ni les commissaires-priseurs ne s'en trouveraient mieux.

*
* *

Mais, selon que l'exercice de ce fameux droit de suite est conçu de telle ou telle manière, des difficultés particulières surgissent auprès des obstacles généraux.

De toutes les propositions que l'on connaît [1], il ne faut pas, d'ailleurs, hésiter à dire que la plus insoutenable est celle de M. André Hesse, qui reproduit en l'aggravant la proposition dite des « Amis du Luxembourg [2] » (1904). M. Maurice Barrès, qui est chargé du rapport, et que le sort des artistes ne laisse pas indifférent, n'a pas pu dissimuler son sentiment défavorable (interview du *Temps*, 26 décembre 1911), et M. Frédéric Masson a montré avec une logique ardente (*Echo de Paris*, du 15 janvier 1912) l'incohérence et le danger du projet. Ce serait, ont-ils dit, précipiter la décadence de l'Hôtel des ventes de Paris, favoriser encore le développement des ventes publiques de Londres et de Munich et décourager l'amateur français. Car la proposition André Hesse se réduit à frapper d'un impôt nouveau nos grandes ventes aux enchères [3]. Pourquoi épargner les ventes privées? Vous semblez vous plaindre des intermédiaires, c'est-à-dire des marchands : or, vous faites évidemment leur jeu. Désormais, les affaires qui ne

[1] Outre celles que nous aurons l'occasion de citer et d'examiner, on peut mentionner les idées de M. Lucien Klotz, de M. Mack, de M. Schmoll, de M. Léon Ruffe.

[2] Cette proposition fixait un droit de suite de 1 0/0, et non de 2, sur les ventes publiques d'objets d'art.

[3] A Paris, une vente coûte de 16 à 18 0/0; à Londres, de 7 à 10 0/0.

se traiteront pas publiquement à Londres se traiteront chez nous de gré à gré. Et les artistes, à tout cela, ne gagneront qu'une diminution de leur renommée. De trop simples manières se présentent d'éluder à leur détriment la loi projetée!

Aussi le texte soumis à l'examen du Parlement est-il tout bonnement négligeable. Qui ose le dire est « philistin », sans doute, ou encore « bourgeois ». Va pour Philistin! Mais ni des cris, ni même des larmes ne sont des raisons [1].

D'autres projets interventionnistes, en restant moins absurdes, n'échappent pas davantage aux critiques.

L'un des plus importants — et d'ailleurs le premier en date — est l'ancien projet de M. H.-G. Ibels (31 octobre 1903), qui combine le *droit de suite* et la *garantie d'authenticité*.

Voici, dit-il, la solution que j'ai trouvée.

Chaque fois qu'un artiste aura exécuté une œuvre, il conservera sur cette œuvre un droit de propriété, proportionnel et imprescriptible. Chaque fois qu'une œuvre d'un artiste vivant ou mort depuis moins de cinquante ans *sera l'objet d'une spéculation quelconque*, l'artiste créateur ou sa descendance touchera 10 ou 15 pour 100 sur le prix de vente quel qu'il soit, et cela pendant toute sa vie, et pour ses héritiers pendant une période de cinquante années après sa mort.

Comment assurer cette répartition des droits artistiques?

Par l'apposition, au dos de l'œuvre, d'un *timbre artistique mobile* délivré par l'Etat au vendeur ou à l'acheteur, *garantissant les droits de l'artiste*, comme le timbre-quittance garantit les droits du commerçant.

Le prix du timbre sera de 10 centimes par 100 francs, et la garantie de l'Etat sera ainsi assurée à l'artiste.

Chaque timbre mobile porte un numéro d'ordre imprimé.

Chaque vente sera mentionnée sur un bordereau délivré gratuitement à tout artiste, marchand ou amateur, et sur lequel sera indiqué :

Le numéro du timbre mobile;

Le nom et l'adresse de l'artiste;

La date et le prix de vente.

En même temps que sera versé le droit, ce bordereau sera déposé à un bureau d'enregistrement ou à un bureau quelconque dépendant de l'Etat.

Les bureaux désignés pour percevoir les droits artistiques les enver-

[1] Un dessin publié dans la *Revue artistique* (février 1912) et « dédié à MM. Frédéric Masson et Maurice Barrès, de l'Académie française » représente une vente publique. Un tableau est mis aux enchères. Voici la légende : « *Le Commissaire-priseur* : Adjugé pour 25 000 francs. — *La Veuve* : On le lui avait payé 50 francs et nous étions moins malheureux que maintenant! »

ront à une caisse centrale dépendant du ministère des Beaux-Arts, qui se chargera de répartir les droits perçus aux artistes créateurs.

Ce travail paraît compliqué, mais ne l'est pas.

Faire toucher par l'artiste 10 ou 15 pour 100 sur le prix de la vente, même d'une vente à perte, cette exigence paraîtra hardie! Si, de plus, « le timbre artistique est, comme dit M. Ibels, la garantie du vendeur et de l'acheteur », si dès lors toute fraude devient punissable, le possesseur peut être constamment, et de la façon la plus odieuse, troublé dans sa possession. Enfin, ils sont ruineux ces timbres... garants officiels de l'authenticité. On compte, du moins, dans le monde des philatélistes, qu'ils porteront l'émouvante effigie de Saïtapharnès.

Quant aux systèmes qui écartent toute intervention de l'Etat, leur principe est moins froissant. Mais leur fonctionnement laisse inquiet.

Selon M. Thaller, les artistes s'associeraient, et la Société exigerait de tout acheteur l'engagement de faire bénéficier l'auteur d'un dixième de la plus-value (droit à percevoir sur toute vente et tout héritage). Des timbres apposés dès le début sur l'œuvre d'art informeraient les tiers. Soit! mais on dissimulera les prix, on fera des ventes à l'étranger, etc. Pour déjouer donc les fraudes, M. Thaller donne à l'Association le droit constant de faire exhiber au dernier détenteur légitime sa statue ou son tableau, ce qui me semble intolérable. En outre, il pourrait bien se rencontrer des acheteurs qui ne feraient de marché qu'avec des vendeurs libres de tout engagement...

M. José Théry est plus libéral. Il veut que la réserve du droit de l'artiste « réside dans la seule garantie d'authenticité ». L'auteur ferait à telle Société déterminée d'artistes une déclaration de vente en lui présentant l'œuvre vendue. Cette œuvre aurait dès lors son livret d'état-civil ou, si l'on préfère, sa fiche (il faut bien être de son temps!) M. Théry assure que l'habitude se prendrait vite chez tous les acquéreurs de recourir à cet office de garantie. Sur la rétribution exigible, une part — tant sur la vente, tant sur la plus-value — serait réservée à l'artiste.

Cette méthode ne porte nulle atteinte au droit de propriété. Mais c'est son efficacité qu'il n'est guère possible de présumer, une négligence initiale ruinant pour l'artiste tout espoir. Or cette négligence serait fréquente et fréquemment volontaire. Car on ne dit pas que l'inscription du débutant à sa Société serait gratuite : dès lors, ce versement obligatoire pour le plus incertain des avantages éventuels lui paraîtra lourd. L'acheteur, d'autre part, n'éprouvera, je le crois, le besoin de recourir à l'office de garantie que pour les œuvres douteuses, c'est-à-dire pour celles dont le prix est relativement bas. On ne pourra guère alors lui faire verser la forte somme.

Quoi donc! faudra-t-il recourir à une dernière solution, celle-là de pure *humanité*, comme on dit? La Chambre syndicale des négociants en tableaux demande que le droit de 2 pour 100 dont parle M. André Hesse serve à constituer une caisse commune, dont les fonds seraient répartis entre les artistes méconnus ou entre leurs héritiers. Défions-nous des caisses communes... Et gare les coteries! Il faudrait, du reste, dit ingénument la Chambre syndicale, « procéder de la façon suivante : prélever les 2 pour 100 sans surcharger les frais de vente, c'est-à-dire les prendre sur les 18 pour 100 dont disposent les commissaires-priseurs ». Que vont dire ceux-ci? Leurs rivaux sont ingénieux.

En somme, il n'y a que des embryons de projets, parce que peut-être il ne saurait y avoir autre chose. On recule toujours devant la pratique. Il a suffi de parcourir quelques propositions pour s'apercevoir que presque toutes nous noient dans une mer de formalités gênantes, de vexations insupportables. Les entraves à la liberté du commerce deviennent continuelles. Le propriétaire n'est qu'un co-propriétaire. Les droits nouveaux qui frappent la vente de certains « meubles » en gênent la circulation. Si l'artiste vend à l'Etat, il fait une mauvaise affaire, puisque son droit de suite s'exerce sur les reventes et qu'il n'y peut plus compter. Quant aux donations à l'Etat, qui sont des mutations, seront-elles grevées, elles aussi, du « droit de l'artiste »? Et puis, que d'imaginations bizarres! Les fameux timbres, les collera-t-on au revers des bijoux de Lalique? au dos des vases de Gallé? sur l'épaule des statues? La garantie même d'authenticité, qu'on cherche à donner pour base au droit des artistes, supprime un des grands plaisirs du connaisseur et du chercheur, heureux d'avoir discerné ce qui échappait à d'autres. Une thèse paradoxale, et peut-être vraie, c'est que l'existence de fausses œuvres d'art est un stimulant pour l'acquisition des vraies. Sion ne peut plus payer cher que des œuvres incontestablement et officiellement authentiques, qui vous causeront par surcroît des ennuis quotidiens, l'amateur est *a priori* en voie de disparition. Pauvres artistes!

Le plus comique ou le plus triste, c'est, d'ailleurs, que chez ces pauvres artistes on ne découvre nul symptôme d'accord. Que veulent-ils eux-mêmes? On n'en sait rien. La plupart des plus grands se sont abstenus de donner leur opinion. Quant aux peintres, sculpteurs, graveurs et dessinateurs qui ont parlé, leurs réponses mêlent en général la candeur à la rhétorique et à l'incohérence. « A une époque où l'amateur se fait de plus en plus rare, est-il prudent de lui créer tant d'obstacles dans le bénéfice que tout acheteur a le droit d'espérer en cas de vente? » dit très sagement M. Gervex. « Je donne mon adhésion au projet Ibels, qui me paraît pratique et juste », écrit, au contraire, M. Steinlen. « Il n'y a aucune raison pour ne pas donner aux artistes peintres, graveurs et sculpteurs les mêmes droits et avantages qu'aux littérateurs » : c'est l'opinion de M. Cottet. M. Willette adhère « au juste et généreux projet d'Ibels » et ajoute pourtant : « Il faudra avoir dans le buffet le pain du lendemain, pour avoir l'audace d'imposer à cet amateur la restriction des droits d'auteur. *Væ pauperibus.* » — « La proposition venant de la société des *Amis du Luxembourg* ne m'inspire aucune confiance, dit enfin M. Victor Binet... Quant à la combinaison de M. Ibels, elle est impraticable... A mon avis, il n'y a rien à faire. » L'accord est parfait, on le voit. Et la précision est mathématique [1].

A quel saint donc se vouer? Faut-il simplement « laisser courir », tout en déplorant le sort de Millet, de Lépine et de leurs frères? On ne s'y résigne guère : ce sort, vraiment, est trop émouvant [2]! Mais une chose est certaine : c'est que ce n'est pas la proposition de M. André Hesse qui l'améliorera.

M. Maurice Barrès a insinué qu'aux âges héroïques, le Greco ne vendait pas définitivement ses tableaux, qu'il les donnait en gage... C'est parfait et c'est charmant. Mais ce qui manque le plus, ce sont les prêteurs.

[1] *Paris-Journal*, du 17 février, a recueilli, au sujet de la proposition Hesse, quelques opinions. M. Léon Bérard, sous-secrétaire d'Etat aux Beaux-Arts, « se déclare en principe acquis à l'idée d'accorder le droit d'auteur aux artistes, sous réserve d'en examiner les modalités ». Approuvent le projet en termes plus ou moins explicites : MM. Abel Faivre, Laloux, Cormon, Antonin Mercié. M. Roybet le déclare à regret impraticable. M. Roll trouve toute application « extrêmement difficile ». Mlle Louise Abbéma « estime que la propriété artistique n'est en rien comparable à la propriété littéraire ». C'est aussi l'opinion de M. Detaille, qui ajoute : « Qu'on cherche d'autres mesures qui atteindront davantage les marchands de tableaux ». Etc.

[2] A moins qu'il ne soit lui-même une légende, ce qui serait un comble! La Chambre syndicale des marchands de tableaux assure et offre de prouver, pièces en mains, que la mort misérable de Millet est une fable et que, bien des années avant sa mort, il gagnait déjà une quarantaine de mille francs par an. On ne peut plus croire à rien!

LE

CORRESPONDANT

RELIGION — PHILOSOPHIE — POLITIQUE

HISTOIRE — SCIENCES — ÉCONOMIE SOCIALE

BEAUX-ARTS — LITTÉRATURE — VOYAGES

QUATRE-VINGT-QUATRIÈME ANNÉE

PARAIT LE 10 ET LE 25 DE CHAQUE MOIS

PARIS DEPARTEMENTS & ETRANGER :

UN AN : 35 FR. — SIX MOIS : 18 FR. — UN NUMÉRO : 2 FR. 50

ADMINISTRATION ET RÉDACTION

PARIS. — 31, RUE SAINT-GUILLAUME

www.ingramcontent.com/pod-product-compliance
Lightning Source LLC
LaVergne TN
LVHW020509230826
846091LV00008BA/3416